AF188364

Impressum
Verlag: BABADADA GmbH, Nedderfeld 112 , 22529 Hamburg
Geschäftsführer / Verlagsleitung: Harald Hof
Druck: Books on Demand GmbH, In de Tarpen 42, 22848 Norderstedt

Imprint
Publisher: BABADADA GmbH, Nedderfeld 112 , 22529 Hamburg, Germany
Managing Director / Publishing direction: Harald Hof
Print: Books on Demand GmbH, In de Tarpen 42, 22848 Norderstedt

school

okul

divide
böl

186/2

board
tahta

classroom
sınıf

school yard
okul bahçesi

teacher
öğretmen

paper
kağıt

pen
kalem

desk
masa

write
yazmak

ruler
cetvel

book
kitap

pupil
öğrenci

satchel

okul çantası

pencil case

kalemlik

pencil

kurşun kalem

pencil sharpener

kalem açacağı

rubber

silgi

drawing pad

çizim defteri

drawing

çizim

paintbrush

resim fırçası

paint box

boya kutusu

scissors

makas

glue

tutkal

exercise book

alıştırma kitabı

homework

ödev

number

sayı

add

ekle

subtract

çıkar

multiply

çarp

calculate

hesapla

letter

harf

alphabet

alfabe

word

kelime

text

metin

read

okumak

chalk

tebeşir

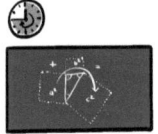

lesson

ders

register

kayıt

examination

sınav

certificate

sertifika

school uniform

okul forması

education

eğitim

encyclopedia

ansiklopedi

university

üniversite

microscope

mikroskop

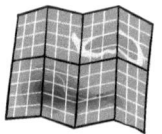

map

harita

waste-paper basket

kağıt çöp kutusu

travel
seyahat

hotel
otel
Grand
hostel
pansiyon
ROOMS
EXCHANGE
currency exchange office
döviz bürosu
car
otomobil

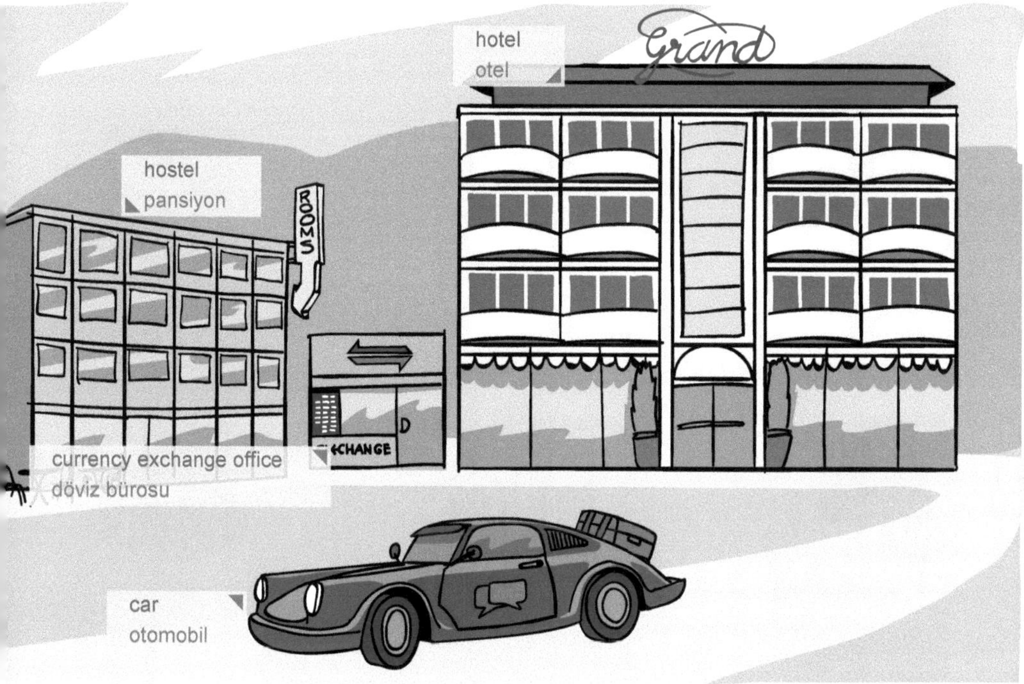

language
dil

yes / no
evet / hayır

Okay
Tamam

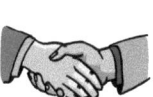

hello
merhaba

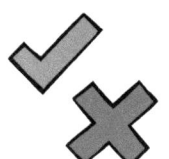

translator
çevirmen

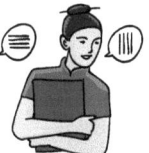

Thank you
Teşekkür ederim

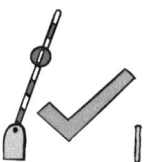

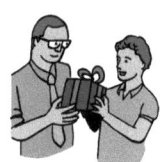

how much is...?

bu ... ne kadar?

I don´t get it

anlamadım

problem

problem

Good evening!

İyi akşamlar!

Good morning!

Günaydın!

Good night!

İyi geceler!

goodbye

güle güle

direction

yön

luggage

bagaj

bag

çanta

backpack

sırt çantası

guest

misafir

room

oda

sleeping bag

uyku tulumu

tent

çadır

	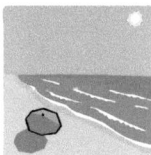	
tourist information	beach	credit card
turist danışma	sahil	kredi kartı

breakfast	lunch	dinner
kahvaltı	öğle yemeği	akşam yemeği

Ticket	elevator	stamp
Bilet	asansör	pul

border	customs	embassy
sınır	gümrük	elçilik

visa	passport	
vize	pasaport	

transport
ulaşım

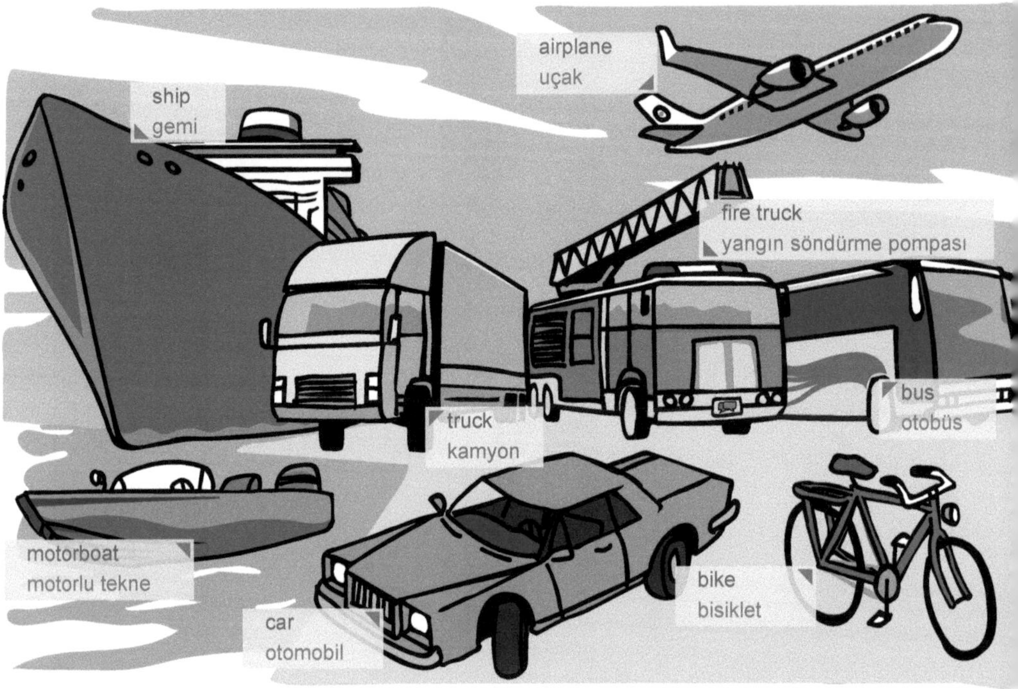
airplane
uçak
ship
gemi
fire truck
yangın söndürme pompası
bus
otobüs
truck
kamyon
motorboat
motorlu tekne
bike
bisiklet
car
otomobil

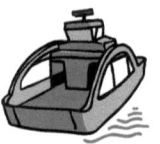

ferry
feribot

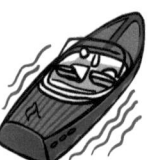

boat
bot

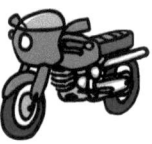

motorbike
motosiklet

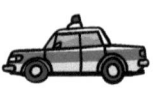

police car
polis arabası

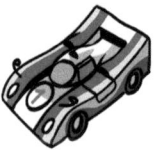

racing car
yarış arabası

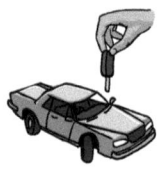

rental car
kiralık araba

car sharing

ortak araba

tow truck

çekici

garbage truck

çöp kamyonu

engine

motor

fuel

yakıt

fuel station

benzinlik

traffic sign

trafik işareti

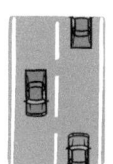

traffic

trafik

traffic jam

trafik sıkışıklığı

parking lot

otopark

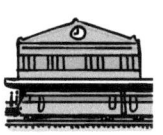

train station

tren istasyonu

tracks

ray

train

tren

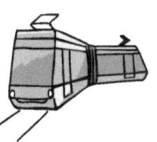

tram

tramvay

wagon

vagon

helicopter

helikopter

airport

havaalanı

tower

kule

passenger

yolcu

container

konteyner

carton

koli

cart

yük arabası

basket

sepet

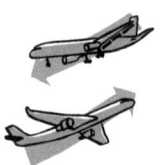

take off / land

kalkış / iniş

city
şehir

village

köy

city center

şehir merkezi

house

ev

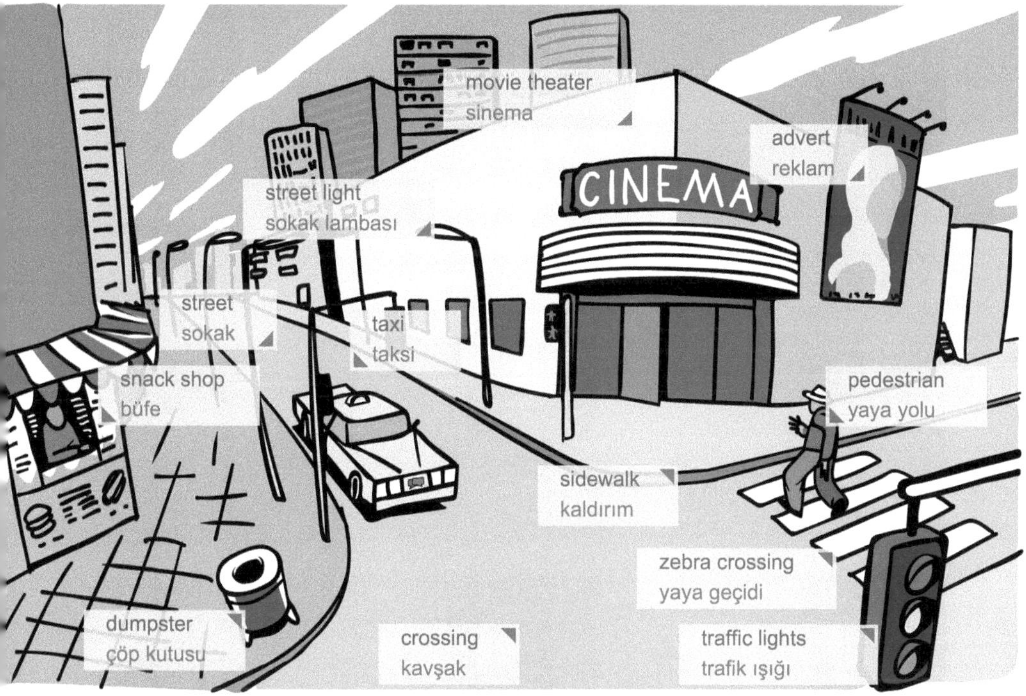
movie theater
sinema
advert
reklam
CINEMA
street light
sokak lambası
street
sokak
taxi
taksi
snack shop
büfe
pedestrian
yaya yolu
sidewalk
kaldırım
zebra crossing
yaya geçidi
dumpster
çöp kutusu
crossing
kavşak
traffic lights
trafik ışığı

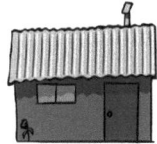

hut

kulübe

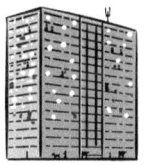

apartment

apartman dairesi

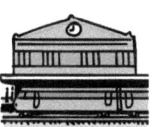

train station

tren istasyonu

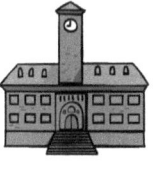

city hall

belediye binası

MUSEUM

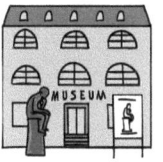

museum

müze

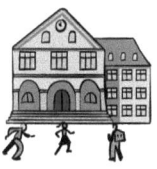

school

okul

university

üniversite

bank

banka

hospital

hastane

hotel

otel

pharmacy

eczane

office

ofis

book shop

kitapçı

shop

mağaza

flower shop

çiçekçi

supermarket

süpermarket

market

market

department store

büyük mağaza

fishmonger's shop

balık satıcısı

mall

alışveriş merkezi

harbor

liman

city - şehir

park

park

bench

bank

bridge

köprü

stairs

merdiven

subway

metro

tunnel

tünel

bus stop

otobüs durağı

bar

bar

restaurant

restoran

postbox

posta kutusu

street sign

sokak tabelası

parking meter

otopark sayacı

zoo

hayvanat bahçesi

swimming pool

yüzme havuzu

mosque

cami

farm

çiftlik

pollution

kirlilik

cemetery

mezarlık

church

kilise

playground

oyun alanı

temple

tapınak

landscape
arazi

signpost
yön tabelası

path
yol

meadow
çayır

stone
taş

hiker
yürüyüşçü

tree
ağaç

river
ırmak

grass
çimen

flower
çiçek

valley
vadi

hill
tepe

lake
göl

forest
orman

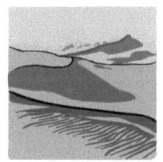

desert
çöl

volcano
volkan

castle
kale

rainbow
gökkuşağı

mushroom
mantar

palm tree
palmiye

mosquito
sivrisinek

fly
sinek

ant
karınca

bee
arı

spider
örümcek

beetle

böcek

frog

kurbağa

squirrel

sincap

hedgehog

kirpi

hare

yabani tavşan

owl

baykuş

bird

kuş

swan

kuğu

boar

yaban domuzu

deer

geyik

moose

geyik

dam

baraj

wind turbine

rüzgar türbini

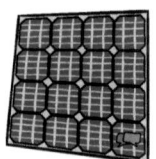

solar panel

güneş paneli

climate

iklim

restaurant
restoran

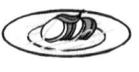

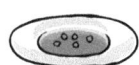

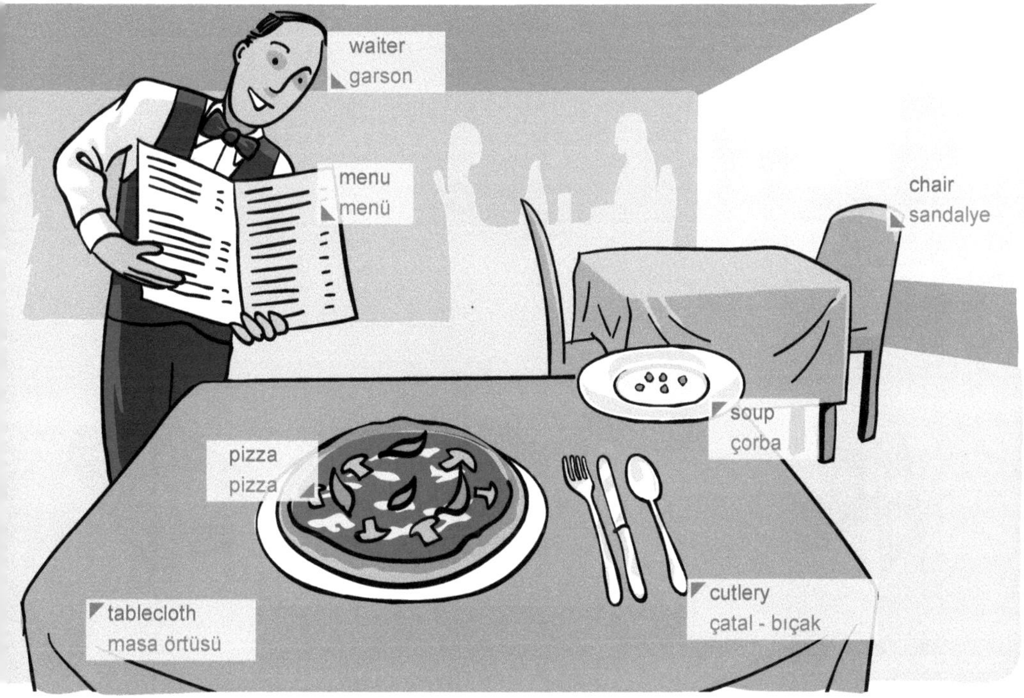
waiter
garson
menu
menü
chair
sandalye
soup
çorba
pizza
pizza
cutlery
çatal - bıçak
tablecloth
masa örtüsü

starter
başlangıç

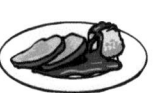

main course
ana yemek

dessert
tatlı

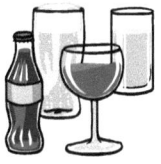

drinks
içecekler

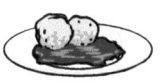

food
yemek

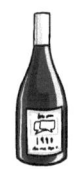

bottle
şişe

fast food

fastfood

street food

sokak yemeği

teapot

çaydanlık

sugar bowl

şekerlik

portion

porsiyon

espresso machine

espresso makinesi

high chair

mama sandalyesi

bill

fatura

tray

tepsi

knife

bıçak

fork

çatal

spoon

kaşık

teaspoon

çay kaşığı

serviette

servis peçetesi

glass

bardak

restaurant - restoran

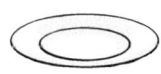		
plate	soup plate	saucer
tabak	çorba kasesi	fincan altlığı

sauce	salt shaker	pepper mill
sos	tuzluk	karabiber değirmeni
		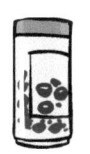
vinegar	oil	spices
sirke	yağ	baharat

ketchup	mustard	mayonnaise
ketçap	hardal	mayonez

supermarket
süpermarket

special offer
özel teklif
FOR
customer
müşteri
dairy products
süt ürünleri
fruit
meyve
shopping cart
alışveriş arabası

BUTCHERS

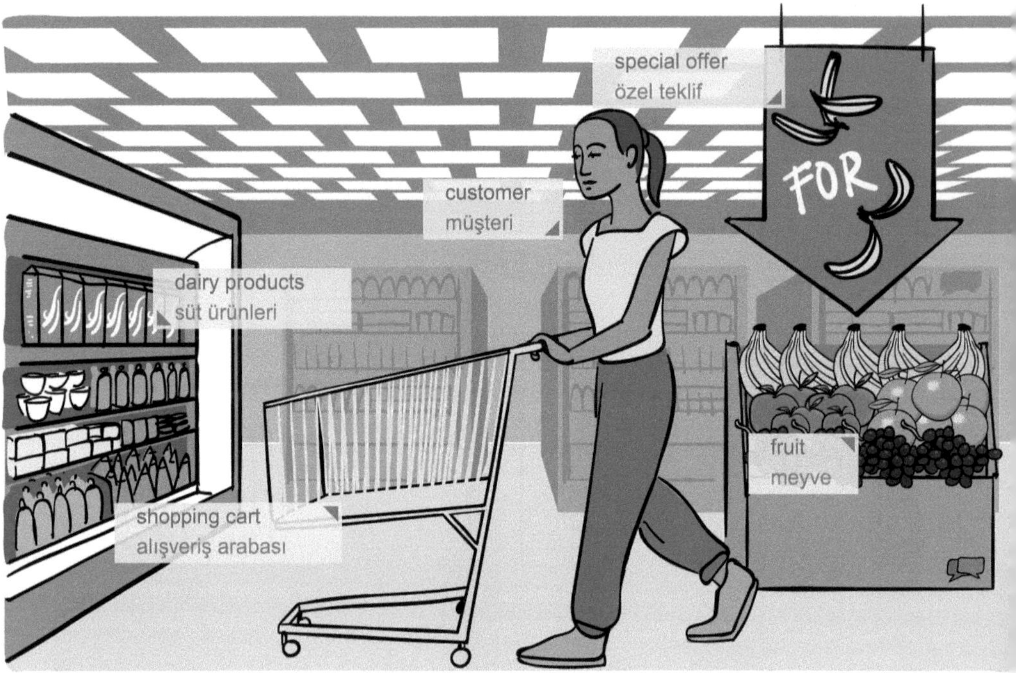

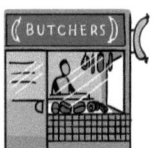

butcher's shop

kasap

BAKERY

bakery

fırın

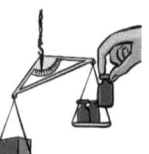

weigh

tartmak

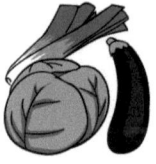

vegetables

sebze

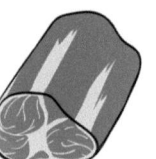

meat

et

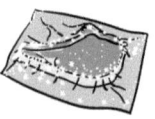

frozen food

donmuş gıda

cold cuts

söğüş et

canned food

konserve yiyecek

detergent

toz deterjan

candy

şekerlemeler

household products

ev temizlik ürünleri

cleaning products

temizlik ürünleri

sales representative

satış görevlisi

cash register

yazar kasa

cashier

kasiyer

shopping list

alışveriş listesi

opening hours

açılış saatleri

wallet

cüzdan

credit card

kredi kartı

bag

çanta

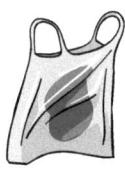

plastic bag

plastik poşet

water
su

juice
meyve suyu

milk
süt

coke
kola

wine
şarap

beer
bira

alcohol
alkol

cocoa
kakao

tea
çay

coffee
kahve

espresso
espresso

cappuccino
kapuçino

banana

muz

apple

elma

orange

portakal

melon

kavun

lemon

limon

carrot

havuç

garlic

sarımsak

bamboo

bambu

onion

soğan

mushroom

mantar

nuts

çerez

noodles

makarna

spaghetti

spagetti

rice

pirinç

salad

salata

fries

cips

fried potatoes

patates kızartması

pizza

pizza

hamburger

hamburger

sandwich

sandviç

escalope

şinitzel

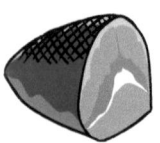

ham

pastırma

salami

salam

sausage

sosis

chicken

tavuk

roast

rosto

fish

balık

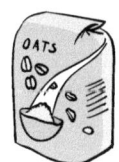

porridge oats

yulaf ezmesi

muesli

müsli

cornflakes

mısır gevreği

flour

un

croissant

kruvasan

bread roll

küçük ekmek

bread

ekmek

toast

tost

cookies

bisküvi

butter

tereyağı

curd

kaymak

cake

kek

egg

yumurta

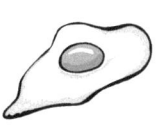

fried egg

sahanda yumurta

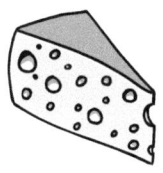

cheese

peynir

ice cream

dondurma

sugar

şeker

honey

bal

jelly

reçel

nougat cream

fındık ezmesi

curry

köri

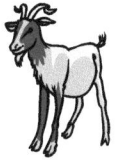

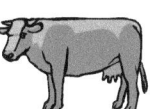

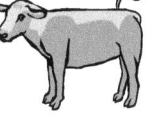

farm
çiftlik

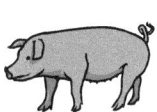

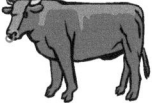

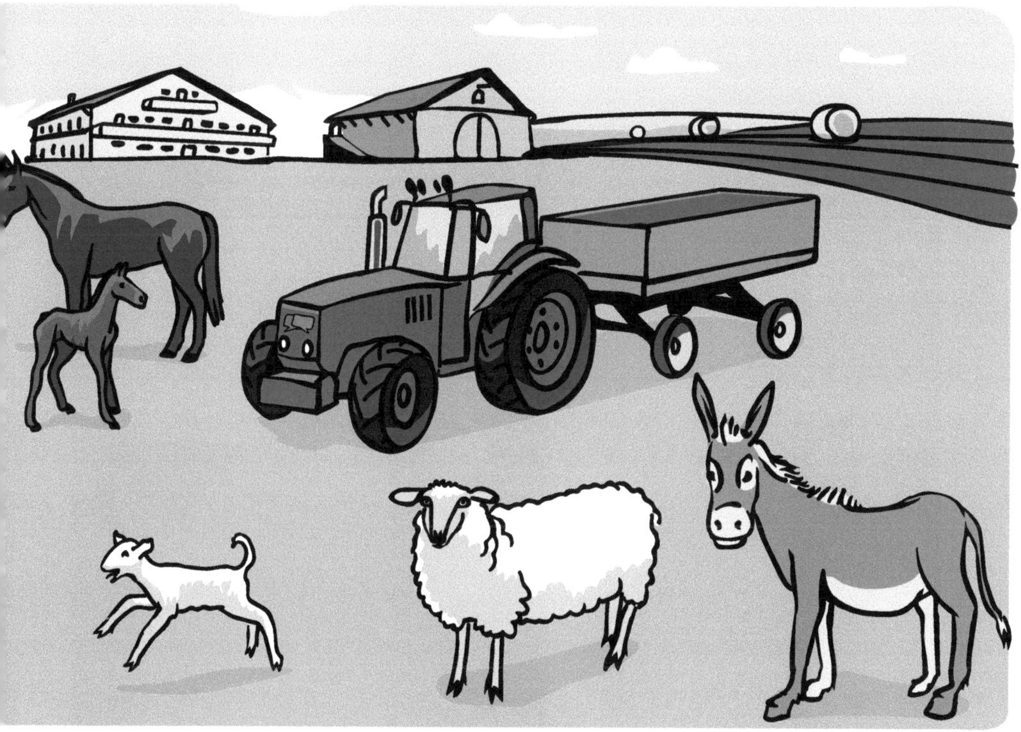

goat

keçi

cow

inek

calf

buzağı

pig

domuz

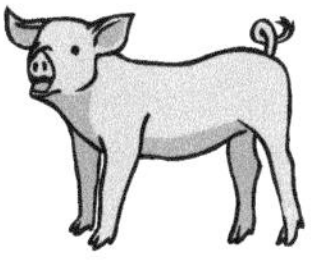

piglet

domuz yavrusu

bull

boğa

goose

kaz

duck

ördek

chick

civciv

hen

tavuk

cockerel

horoz

rat

sıçan

cat

kedi

mouse

fare

ox

öküz

dog

köpek

dog house

köpek kulübesi

garden hose

bahçe hortumu

watering can

sulama kabı

scythe

tırpan

plow

pulluk

sickle

orak

hoe

çapa

pitchfork

dirgen

axe

balta

pushcart

el arabası

trough

yemlik

milk can

süt kovası

sack

çuval

fence

çit

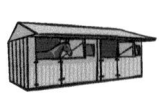

stable

ahır

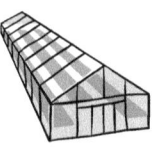

greenhouse

sera

soil

toprak

seed

tohum

fertilizer

gübre

combine harvester

biçerdöver

harvest

hasat etmek

harvest

harman

yams

tatlı patates

wheat

buğday

soya

soya

potato

patates

corn

mısır

rapeseed

kolza

fruit tree

meyve ağacı

manioc

manyok

grain

hububat

farm - çiftlik

house
ev

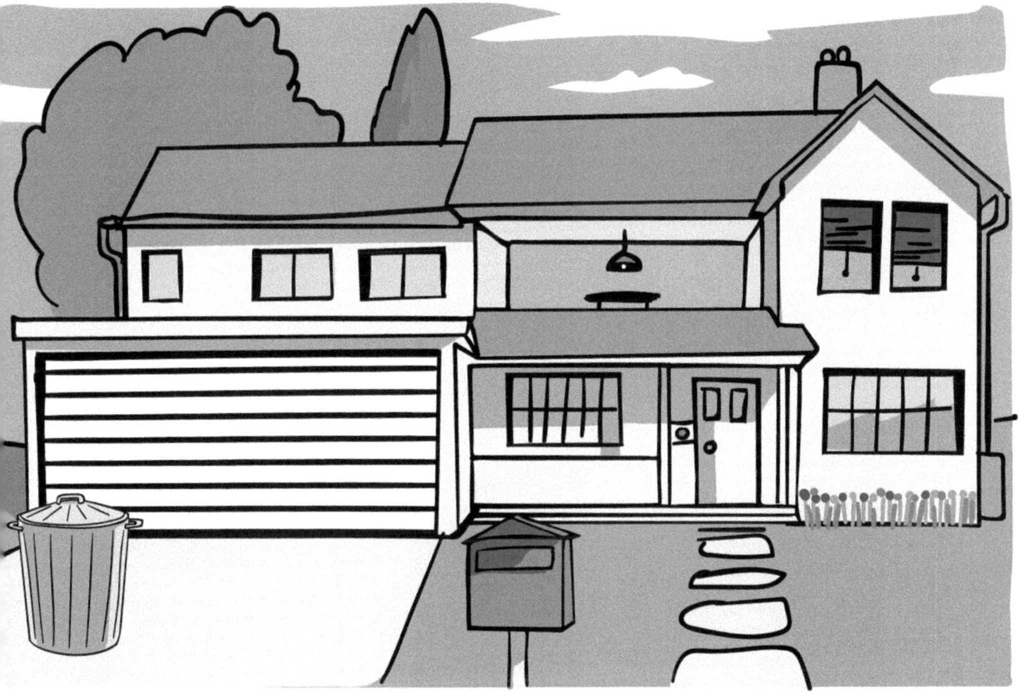

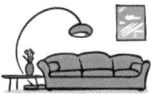

living room
oturma odası

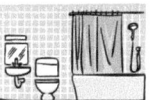

bathroom
banyo

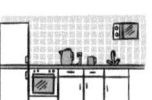

kitchen
mutfak

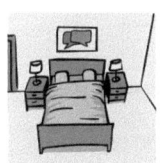

bedroom
yatak odası

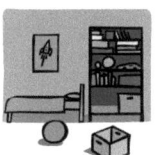

kids room
çocuk odası

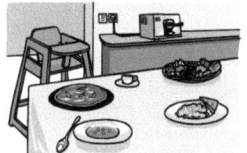

dining room
yemek odası

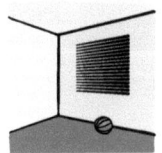

floor
zemin

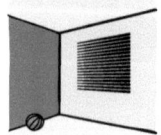

wall
duvar

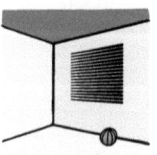

ceiling
tavan

cellar
kiler

sauna
sauna

balcony
balkon

terrace
teras

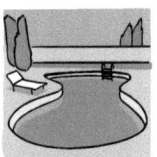

pool
havuz

lawn mower
çim biçme makinesi

sheet
çarşaf

bedspread
yatak örtüsü

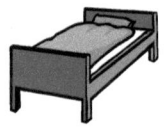

bed
yatak

broom
süpürge

bucket
kova

switch
anahtar

carpet

halı

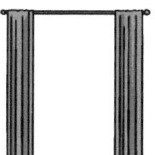

drape

perde

table

masa

chair

sandalye

rocking chair

salıncaklı koltuk

armchair

koltuk

book

kitap

blanket

battaniye

decoration

dekor

firewood

odun

film

film

stereo system

hi-fi

key

anahtar

newspaper

gazete

painting

tablo

poster

poster

radio

radyo

notebook

defter

vacuum cleaner

elektrikli süpürge

cactus

kaktüs

candle

mum

kitchen
mutfak

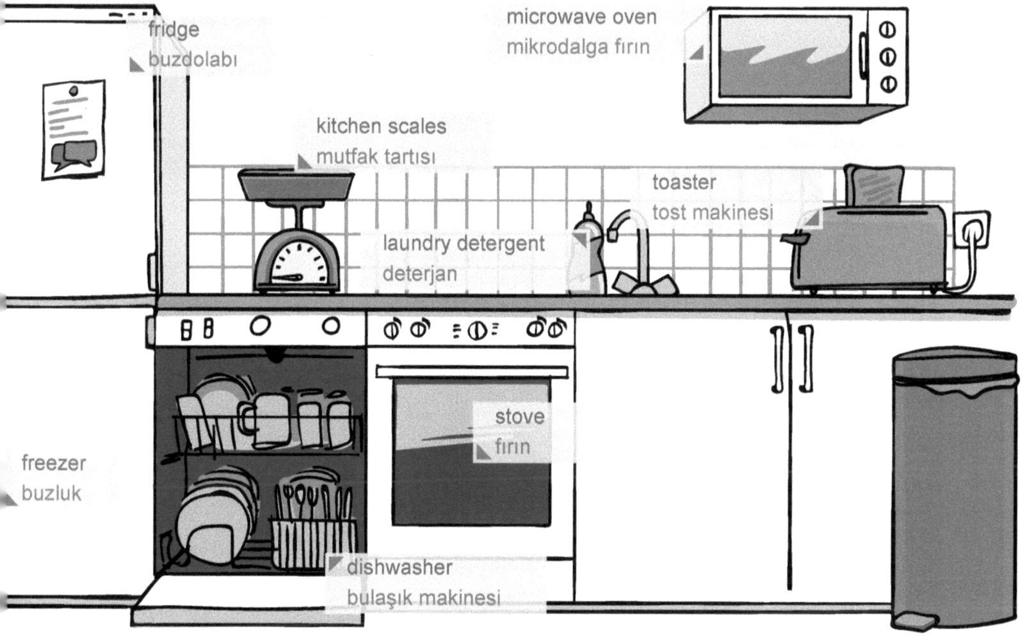

fridge
buzdolabı
microwave oven
mikrodalga fırın
kitchen scales
mutfak tartısı
toaster
tost makinesi
laundry detergent
deterjan
stove
fırın
freezer
buzluk
dishwasher
bulaşık makinesi

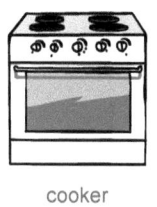

cooker
....
ocak

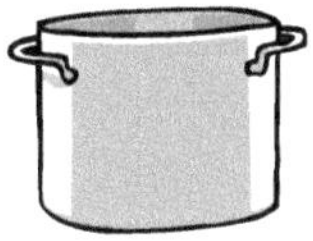

pot
....
tencere

cast-iron pot
....
döküm tencere

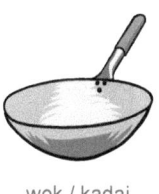

wok / kadai
....
wok

pan
....
tava

kettle
....
su ısıtıcı

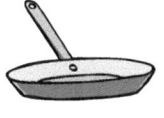

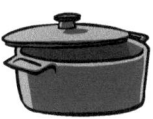

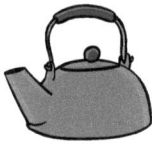

steamer

buharlı pişirici

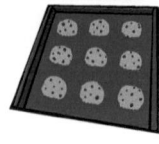

baking tray

pişirme tepsisi

crockery

tabak takımı

mug

kupa

bowl

kase

chopsticks

çubuk (çin yemeği)

ladle

kepçe

spatula

spatula

whisk

çırpma teli

strainer

süzgeç

sieve

elek

grater

rende

mortar

havan

barbecue

barbekü

fireplace

açık ateş

chopping board

kesme tahtası

rolling pin

merdane

corkscrew

tirbüşon

can

konserve kutusu

can opener

konserve açacağı

oven cloth

fırın eldiveni

sink

evye

brush

fırça

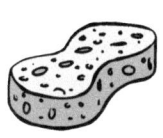

sponge

sünger

blender

blender

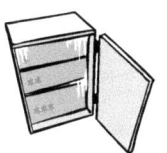

deep freezer

derin dondurucu

baby bottle

biberon

tap

musluk

bathroom
banyo

heating
ısıtma
towel
havlu
shower
duş
shower curtain
duş perdesi
bubble bath
köpük banyosu
bathtub
küvet
glass
bardak
washing machine
çamaşır makinesi
tap
musluk
tiles
fayans
potty
lazımlık
sink
evye

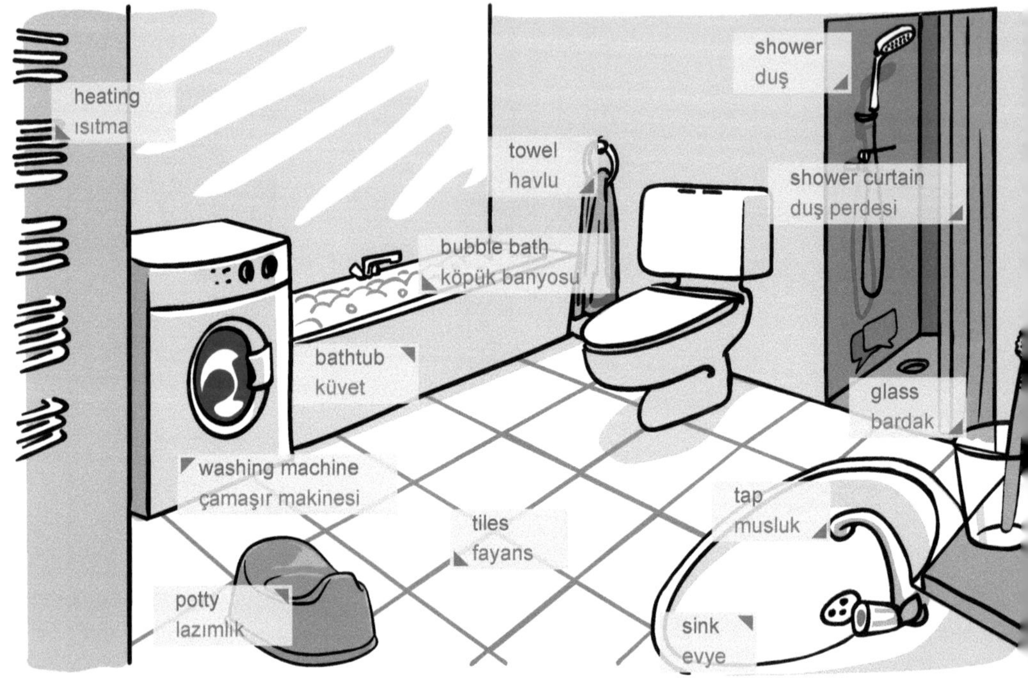

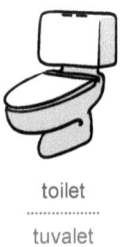

toilet

tuvalet

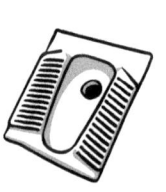

squat toilet

alaturka tuvalet

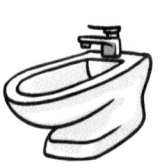

bidet

bide

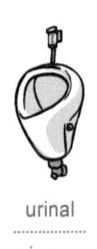

urinal

pisuvar

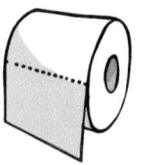

toilet paper

tuvalet kağıdı

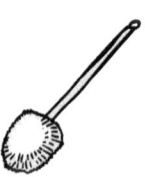

toilet brush

tuvalet fırçası

toothbrush

diş fırçası

toothpaste

diş macunu

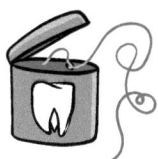

dental floss

diş ipi

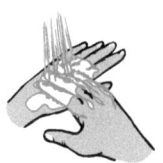

wash

yıkamak

hand shower

duş başlığı

douche

duş başlığı şeklinde taharet musluğu

basin

küvet

back brush

banyo fırçası

soap

sabun

shower gel

duş jeli

shampoo

şampuan

flannel

banyo lifi

drain

gider

creme

krem

deodorant

deodorant

mirror

ayna

hand mirror

el aynası

razor

jilet

shaving foam

tıraş köpüğü

aftershave

tıraş losyonu

comb

tarak

brush

fırça

hair-dryer

saç kurutma makinesi

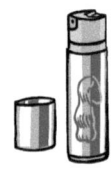

hairspray

saç spreyi

makeup

makyaj

lipstick

ruj

nail varnish

tırnak cilası

cotton wool

pamuk

nail scissors

tırnak makası

perfume

parfüm

washbag

makyaj çantası

stool

tabure

weighing scales

tartı

bathrobe

bornoz

rubber gloves

lastik eldiven

tampon

tampon

sanitary towel

kadın pedi

chemical toilet

kimyevi tuvalet

kids room
çocuk odası

alarm clock
çalar saat
cuddly toy
peluş oyuncak
toy car
oyuncak araba
rattle
çıngırak
doll's house
bebek evi
present
hediye

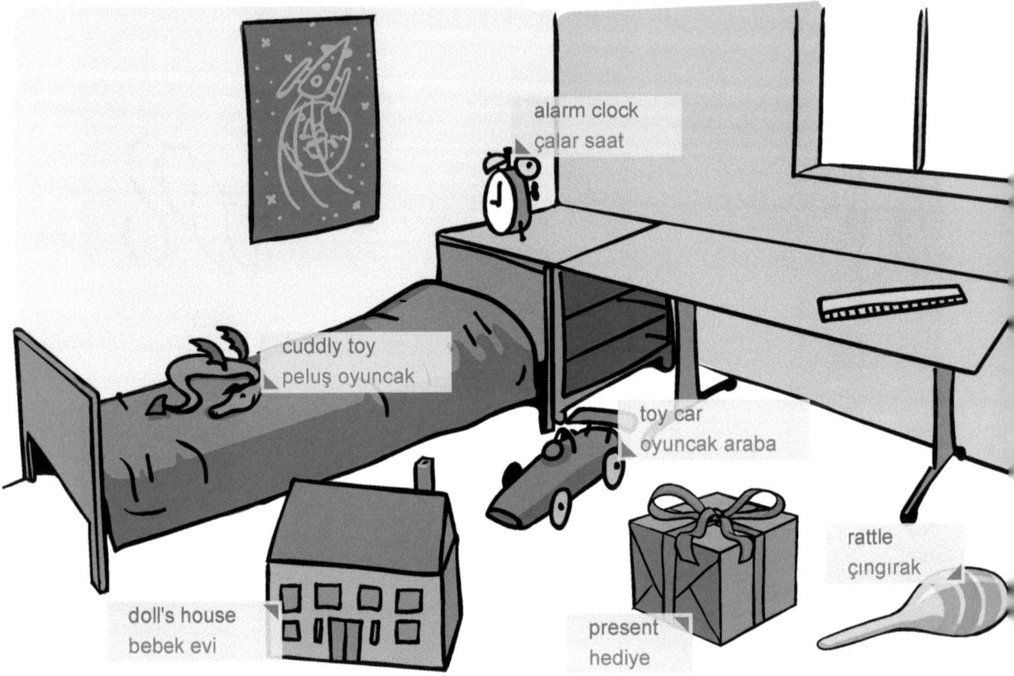

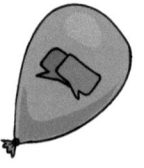

balloon

balon

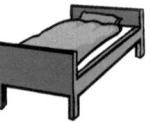

bed

yatak

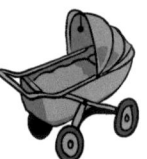

stroller

bebek arabası

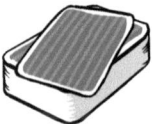

deck of cards

kart destesi

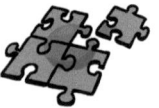

jigsaw

yapboz

comic

çizgi roman

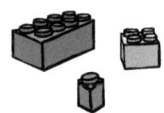

lego bricks

lego tuğlaları

toy blocks

lego blokları

action figure

aksiyon figürü

romper suit

zıbın

frisbee

frizbi

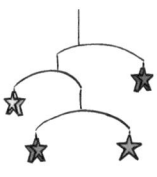

mobile

dönence

board game

masa oyunu

dice

zar

model train set

model tren seti

pacifier

emzik

party

parti

picture book

resimli kitap

ball

top

doll

oyuncak bebek

play

oynamak

sandpit

kum havuzu

swing

salıncak

toys

oyuncaklar

video game console

video oyun konsolu

tricycle

üç tekerlekli bisiklet

teddy bear

oyuncak ayı

wardrobe

gardırop

clothing

kıyafet

socks

çorap

stockings

külotlu çorap

tights

tayt

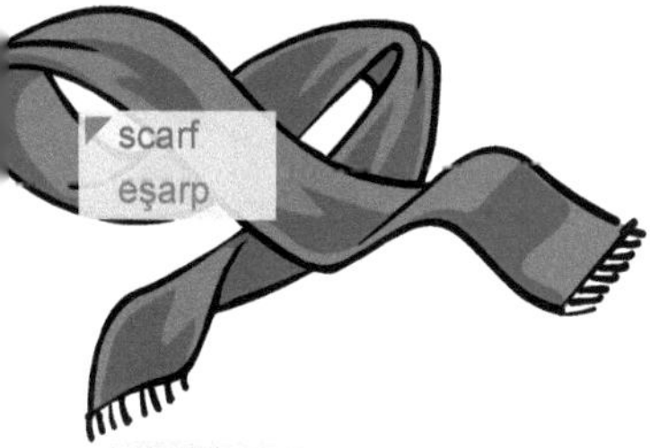

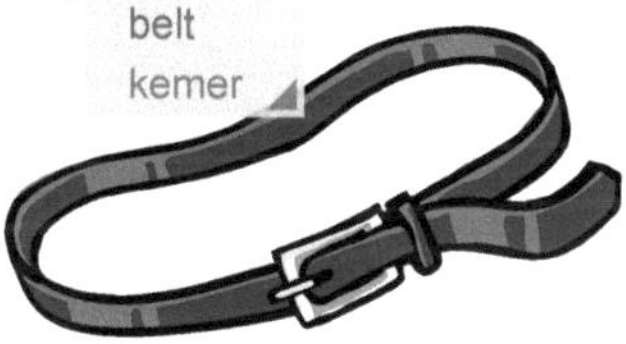

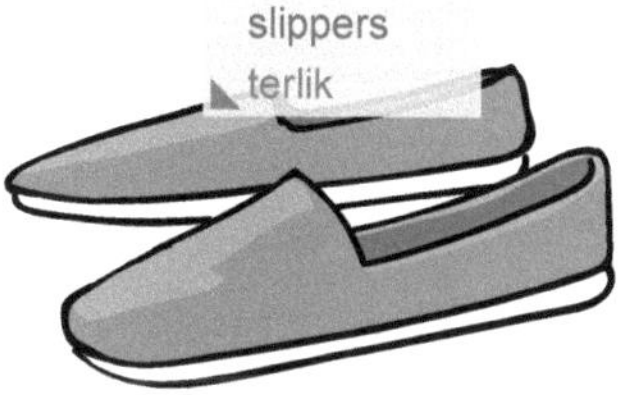

scarf
eşarp

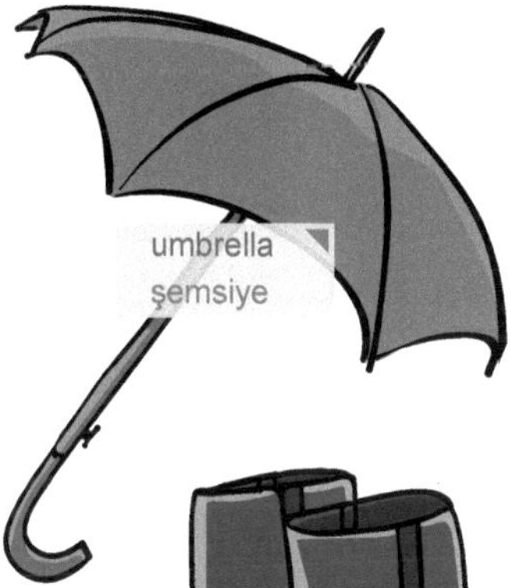

umbrella
şemsiye

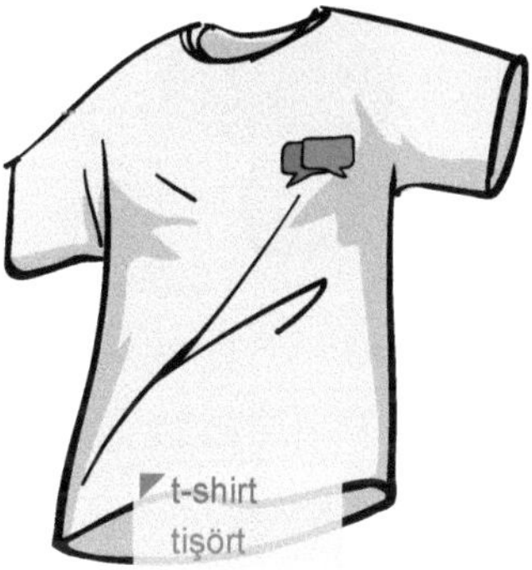

belt
kemer

t-shirt
tişört

boots
bot

slippers
terlik

sneakers
spor ayakkabı

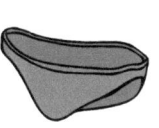

sandals
sandalet

shoes
ayakkabı

rubber boots
lastik çizme

underwear
külot

bra
sütyen

undershirt
yelek

body

dar bluz

pants

pantolon

jeans

kot pantolon

skirt

etek

blouse

bluz

shirt

gömlek

pullover

kazak

sweater

süveter

blazer

blazer

jacket

ceket

coat

mont

raincoat

yağmurluk

costume

kostüm

dress

elbise

wedding dress

gelinlik

suit

takım elbise

nightgown

gecelik

pajamas

pijama

sari

sari

headscarf

baş örtüsü

turban

türban

burka

burka

kaftan

kaftan

abaya

çarşaf

swimsuit

mayo

trunks

erkek mayosu

shorts

şort

tracksuit

eşofman

apron

önlük

gloves

eldiven

button

düğme

glasses

gözlük

bracelet

bilezik

necklace

kolye

ring

yüzük

earring

küpe

cap

kep

coat hanger

portmanto

hat

şapka

tie

kravat

zip

fermuar

helmet

kask

braces

pantolon askısı

school uniform

okul forması

uniform

üniforma

bib
....
mama önlüğü

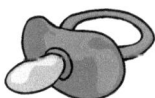

pacifier
....
emzik

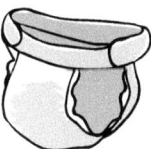

diaper
....
bebek bezi

server
sunucu

filing cabinet
dosya dolabı

paper
kağıt

printer
yazıcı

monitor
monitör

desk
masa

mouse
fare

folder
klasör

keyboard
klavye

waste-paper basket
kağıt çöp kutusu

chair
sandalye

computer
bilgisayar

coffee mug
....
kahve fincanı

calculator
....
hesap makinesi

internet
....
internet

office - ofis

laptop

dizüstü

letter

mektup

message

mesaj

cell phone

cep telefonu

network

ağ

photocopier

fotokopi makinesi

software

yazılım

telephone

telefon

plug socket

priz

fax machine

faks makinesi

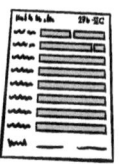

form

form

document

belge

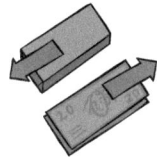

buy
satın almak

pay
ödemek

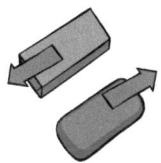

trade
ticaret yapmak

money
para

dollar
dolar

euro
avro

yen
yen

rouble
ruble

Swiss franc
İsviçre frangı

renminbi yuan
Çin yuanı

rupee
rupi

cash point
kasa

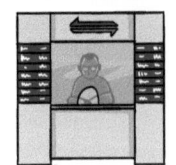

currency exchange office

döviz bürosu

gold

altın

silver

gümüş

oil

petrol

energy

enerji

price

fiyat

contract

kontrat

tax

vergi

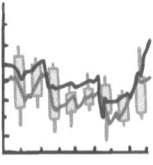

stock

menkul değer

work

çalışmak

employee

işveren

employer

işçi

factory

fabrika

shop

mağaza

economy - ekonomi

police officer
polis memuru

fireman
itfaiyeci

cook
aşçı

doctor
doktor

pilot
pilot

gardener

bahçıvan

carpenter

marangoz

seamstress

terzi

judge

hakim

chemist

kimyager

actor

aktör

bus driver

otobüs şoförü

taxi driver

taksi şoförü

fisherman

balıkçı

cleaning lady

temizlikçi

roofer

çatı ustası

waiter

garson

hunter

avcı

painter

boyacı

baker

fırıncı

electrician

elektrikçi

builder

inşaatçı

engineer

mühendis

butcher

kasap

plumber

muslukçu

postman

postacı

soldier

asker

architect

mimar

cashier

kasiyer

florist

çiçekçi

hairdresser

kuaför

conductor

kondüktör

mechanic

tamirci

captain

kaptan

dentist

dişçi

scientist

bilim insanı

rabbi

haham

imam

imam

monk

keşiş

pastor

rahip

tools

aletler

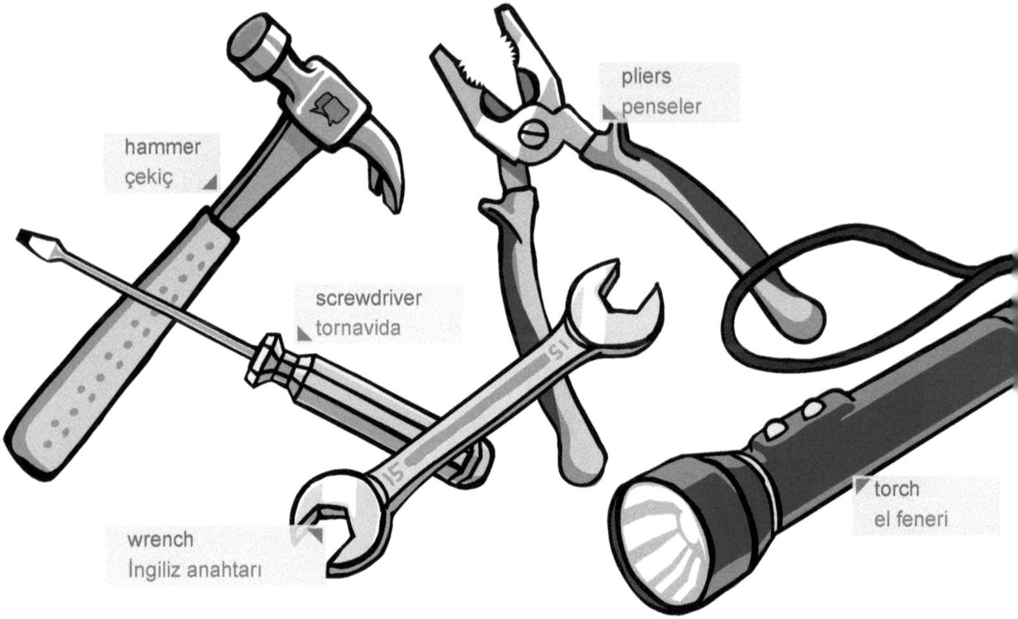

pliers
penseler
hammer
çekiç
screwdriver
tornavida
wrench
İngiliz anahtarı
torch
el feneri

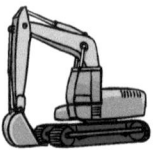

excavator

kazı makinesi

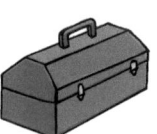

toolbox

alet çantası

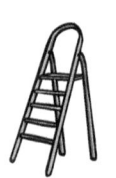

ladder

merdiven

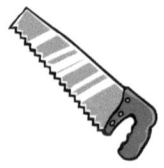

saw

testere

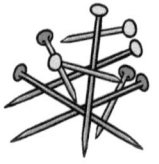

nails

çiviler

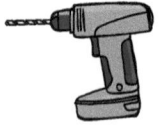

drill

matkap

repair

tamir etmek

shovel

kürek

Damn!

Kahretsin!

dustpan

faraş

paint can

boya tenekesi

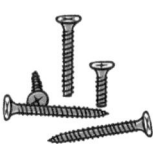

screws

vidalar

musical instruments
müzik enstrümanı

loud speaker
hoparlör

drum set
bateri seti

guitar
gitar

double bass
kontrbas

trumpet
trompet

piano

piyano

violin

keman

bass

basgitar

timpani

timpani

drums

bateri

keyboard

klavye

saxophone

saksafon

flute

flüt

microphone

mikrofon

ZOO

hayvanat bahçesi

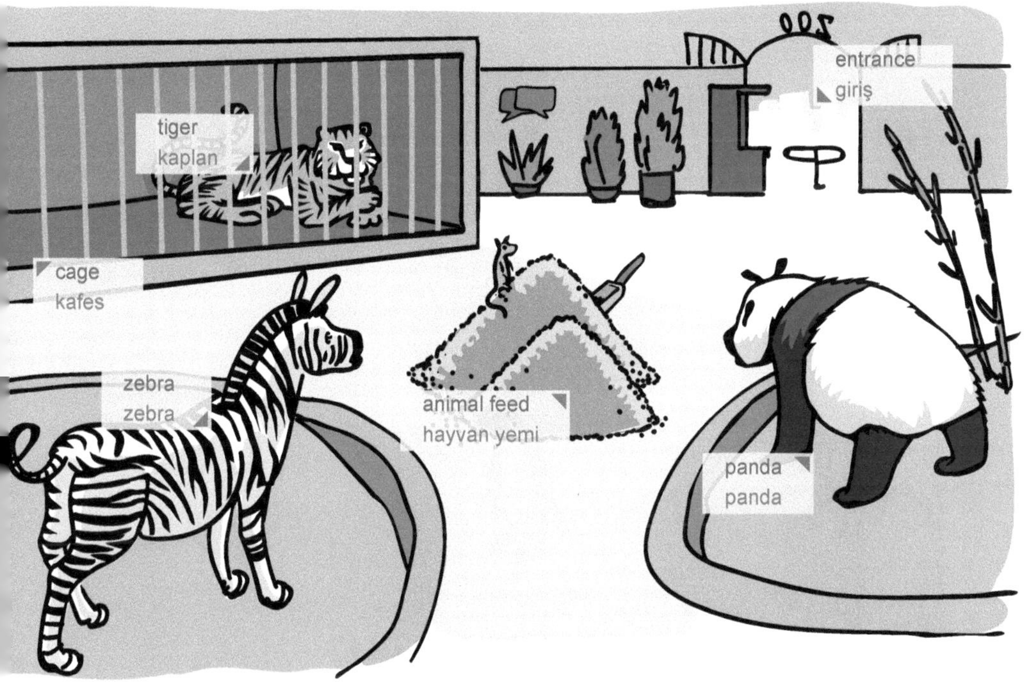
ZOO
tiger
kaplan
entrance
giriş
cage
kafes
zebra
zebra
animal feed
hayvan yemi
panda
panda

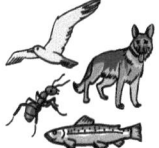

animals
hayvanlar

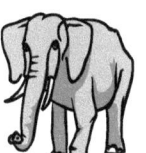

elephant
fil

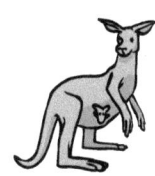

kangaroo
kanguru

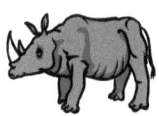

rhino
gergedan

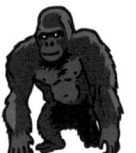

gorilla
goril

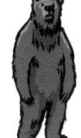

bear
ayı

camel

deve

ostrich

deve kuşu

lion

aslan

monkey

maymun

flamingo

flamingo

parrot

papağan

polar bear

kutup ayısı

penguin

penguen

shark

köpek balığı

peacock

tavus kuşu

snake

yılan

crocodile

timsah

zookeeper

hayvanat bahçesi görevlisi

seal

fok

jaguar

jaguar

zoo - hayvanat bahçesi

pony

midilli atı

leopard

leopar

hippo

su aygırı

giraffe

zürafa

eagle

kartal

boar

yaban domuzu

fish

balık

turtle

kaplumbağa

walrus

mors

fox

tilki

gazelle

ceylan

American football
amerikan futbolu

cycling
bisiklete binme

tennis
tenis

basketball
basketbol

swimming
yüzme

boxing
boks

ice hockey
buz hokeyi

soccer
futbol

badminton
badminton

athletics
atletizm

handball
hentbol

skiing
kayak

polo
polo

jump
atlamak

hug
sarılmak

laugh
gülmek

walk
yürümek

sing
söylemek

dream
hayal etmek

pray
dua etmek

kiss
öpmek

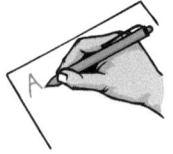

write
yazmak

draw
çizmek

show
göstermek

push
itmek

give
vermek

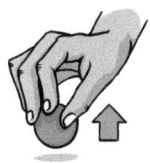

take
almak

have
....
sahip olmak

do
....
yapmak

be
....
olmak

stand
....
ayakta durmak

run
....
koşmak

pull
....
çekmek

throw
....
atmak

fall
....
düşmek

lie
....
yalan söylemek

wait
....
beklemek

carry
....
taşımak

sit
....
oturmak

get dressed
....
giyinmek

sleep
....
uyumak

wake up
....
uyanmak

look at

bakmak

cry

ağlamak

stroke

vurmak

comb

taramak

talk

konuşmak

understand

anlamak

ask

sormak

listen

dinlemek

drink

içmek

eat

yemek

tidy up

düzenlemek

love

sevmek

cook

pişirmek

drive

sürmek

fly

uçmak

activities - etkinlikler

sail

denize açılmak

calculate

hesapla

read

okumak

learn

öğrenmek

work

çalışmak

marry

evlenmek

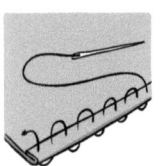

sew

dikmek

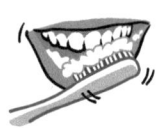

brush teeth

diş fırçalamak

kill

öldürmek

smoke

sigara içmek

send

yollamak

activities - etkinlikler

family
aile

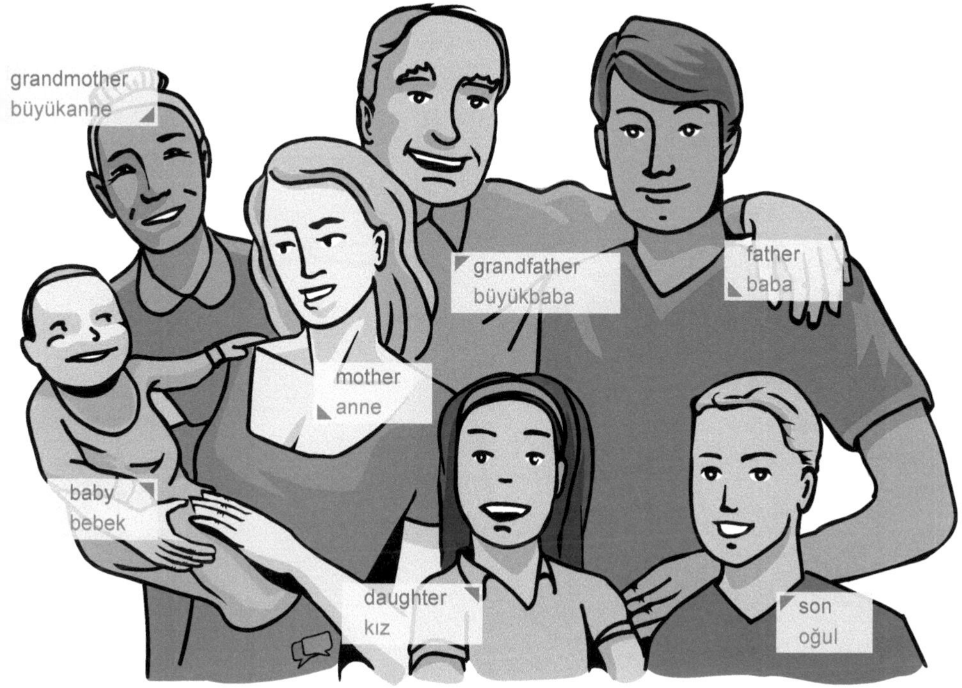
grandmother
büyükanne
grandfather
büyükbaba
father
baba
mother
anne
baby
bebek
daughter
kız
son
oğul

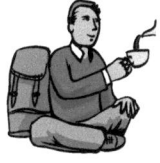

guest
misafir

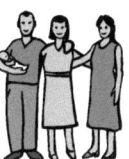

aunt
teyze

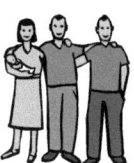

uncle
amca

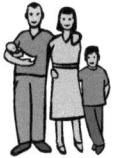

brother
erkek kardeş

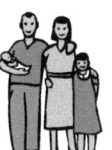

sister
kız kardeş

body

vücut

forehead
alın
eye
göz
shoulder
omuz
finger
parmak
face
yüz
chin
çene
hand
el
leg
bacak
breast
göğüs
arm
kol

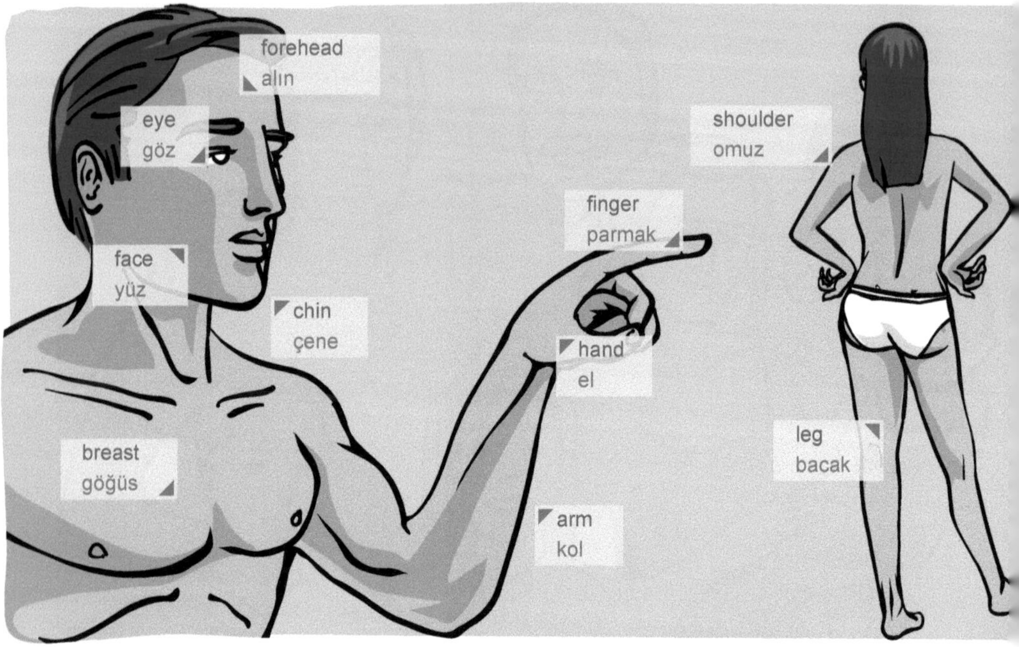

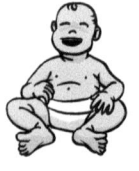

baby

bebek

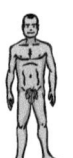

man

adam

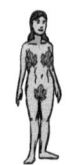

woman

kadın

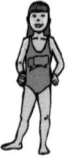

girl

kız

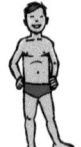

boy

erkek çocuk

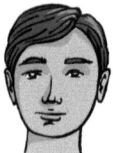

head

baş

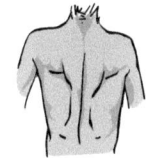	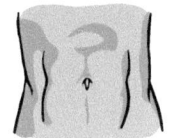	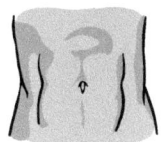
back	belly	navel
sırt	karın	göbek
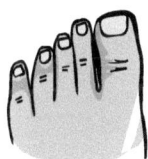	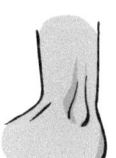	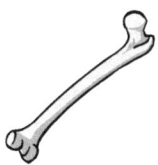
toe	heel	bone
ayak parmağı	topuk	kemik
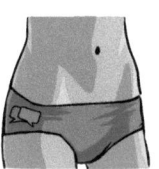		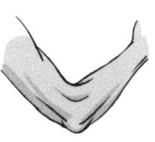
hip	knee	elbow
kalça	diz	dirsek
		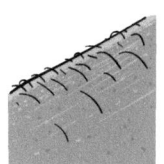
nose	buttocks	skin
burun	kalça	deri
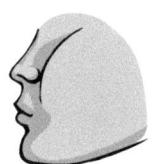	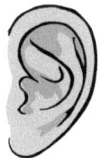	
cheek	ear	lip
yanak	kulak	dudak

mouth

ağız

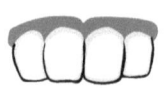

tooth

diş

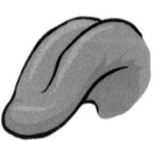

tongue

dil

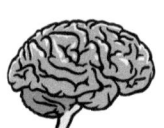

brain

beyin

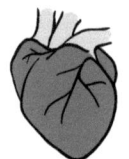

heart

kalp

muscle

kas

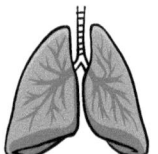

lung

akciğer

liver

karaciğer

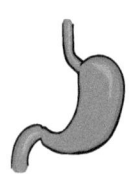

stomach

mide

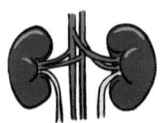

kidneys

böbrekler

sex

seks

condom

prezervatif

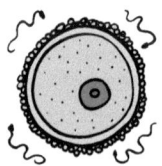

ovum

yumurtalık

semen

sperm

pregnancy

hamilelik

body - vücut

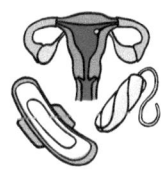

menstruation
regl

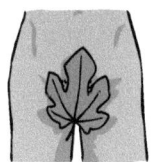

vagina
vajina

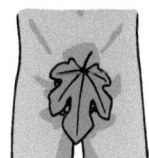

penis
penis

eyebrow
kaş

hair
saç

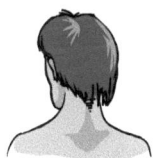

neck
boyun

hospital
hastane

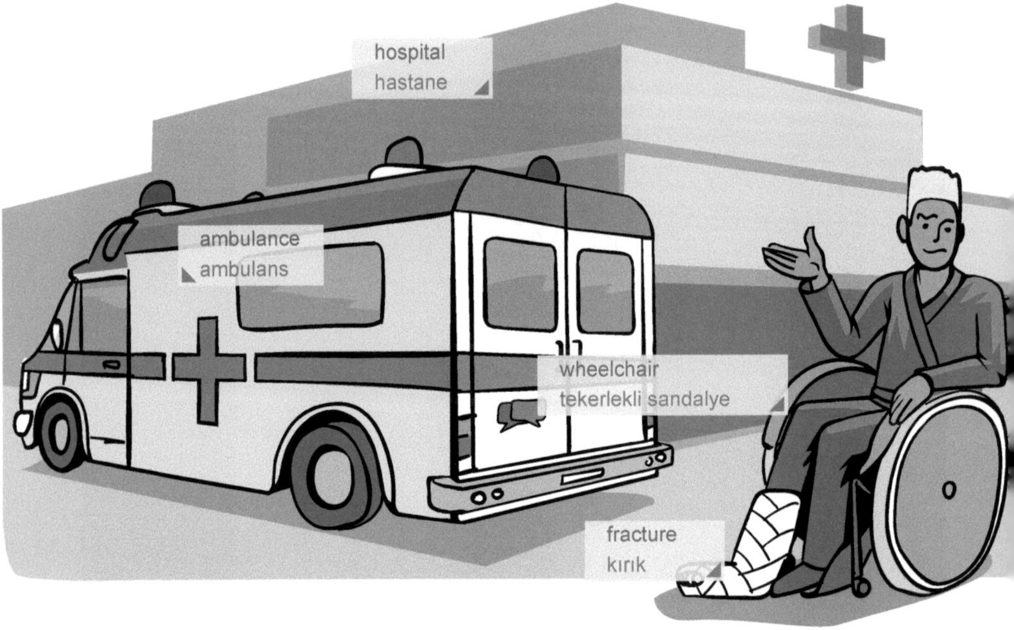

hospital
hastane
ambulance
ambulans
wheelchair
tekerlekli sandalye
fracture
kırık

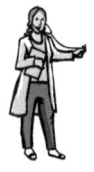

doctor

doktor

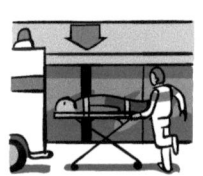

emergency room

acil servis

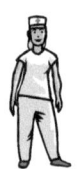

nurse

hemşire

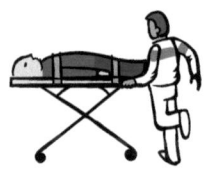

emergency

acil

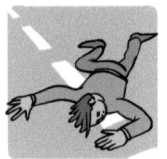

unconscious

baygın

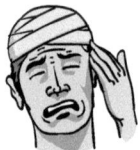

pain

acı

injury

yaralanma

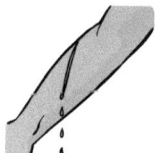

bleeding

kanama

heart attack

kalp krizi

stroke

felç

allergy

alerji

cough

öksürük

fever

ateş

flu

grip

diarrhea

ishal

headache

baş ağrısı

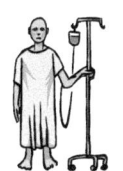

cancer

kanser

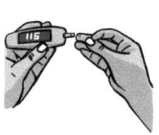

diabetes

şeker hastalığı

surgeon

cerrah

scalpel

neşter

operation

operasyon

CT

bilgisayarlı tomografi

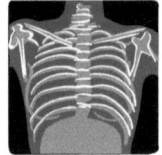

x-ray

röntgen

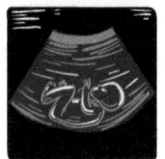

ultrasound

ultrason

face mask

yüz maskesi

disease

hastalık

waiting room

bekleme odası

crutch

koltuk değneği

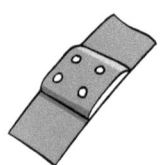

plaster

yara bandı

bandage

bandaj

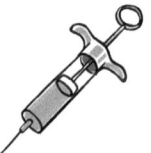

injection

enjeksiyon

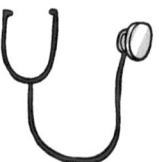

stethoscope

steteskop

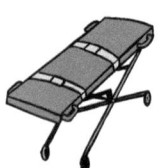

stretcher

sedye

clinical thermometer

tıbbi termometre

birth

doğum

overweight

fazla kilo

hospital - hastane

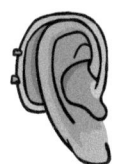

hearing aid

işitme cihazı

disinfectant

dezenfektan

infection

enfeksiyon

virus

virüs

HIV / AIDS

HIV / AIDS

medicine

ilaç

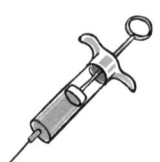

vaccination

aşı

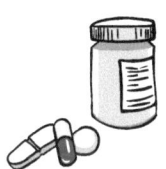

tablets

tablet

pill

hap

emergency call

acil çağrı

blood pressure monitor

tansiyon aleti

ill / healthy

hasta / sağlıklı

hospital - hastane

Help! İmdat!	 alarm alarm	 assault darp
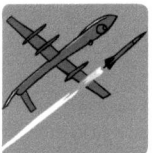 attack saldırı	 danger tehlike	 emergency exit acil çıkış
Fire! Yangın!	 fire extinguisher yangın tüpü	 accident kaza
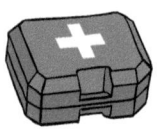 first-aid kit ilk yardım çantası	 SOS imdat	 police polis

Europe

Avrupa

North America

Kuzey Amerika

South America

Güney amerika

Africa

Afrika

Asia

Asya

Australia

Avustralya

Atlantic

Atlantik

Pacific

Pasifik

Indian Ocean

Hint Okyanusu

Antarctic Ocean

Antarktika Okyanusu

Arctic Ocean

Arktik Okyanusu

North pole

Kuzey Kutbu

South pole

Güney Kutbu

Antarctica

Antarktika

earth

dünya

land

kara

sea

deniz

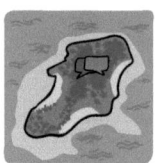

island

ada

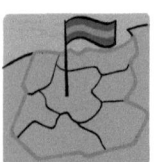

nation

ulus

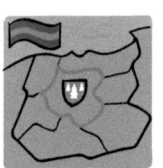

state

ülke

clock face

kadran

hour hand

akrep

minute hand

yelkovan

second hand

saniye ibresi

What time is it?

Saat kaç?

day

gün

time

zaman

now

şimdi

digital watch

dijital saat

minute

dakika

hour

saat

week

hafta

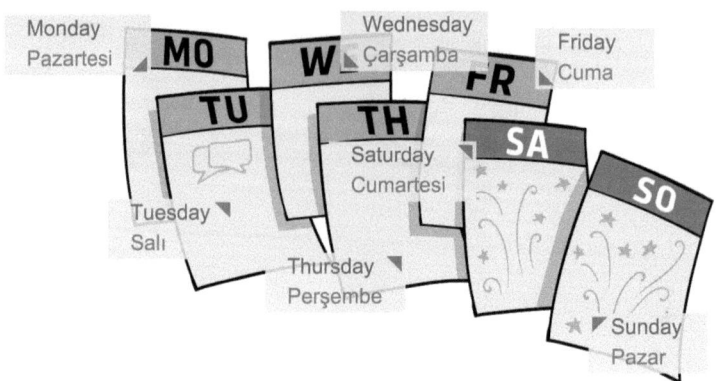

Monday Pazartesi · Tuesday Salı · Wednesday Çarşamba · Thursday Perşembe · Friday Cuma · Saturday Cumartesi · Sunday Pazar

yesterday

dün

today

bugün

tomorrow

yarın

morning

sabah

noon

öğle

evening

akşam

workdays

iş günleri

weekend

hafta sonu

rain
yağmur

snow
kara

wind
rüzgar

spring
bahar

fall
sonbahar

summer
yaz

winter
kış

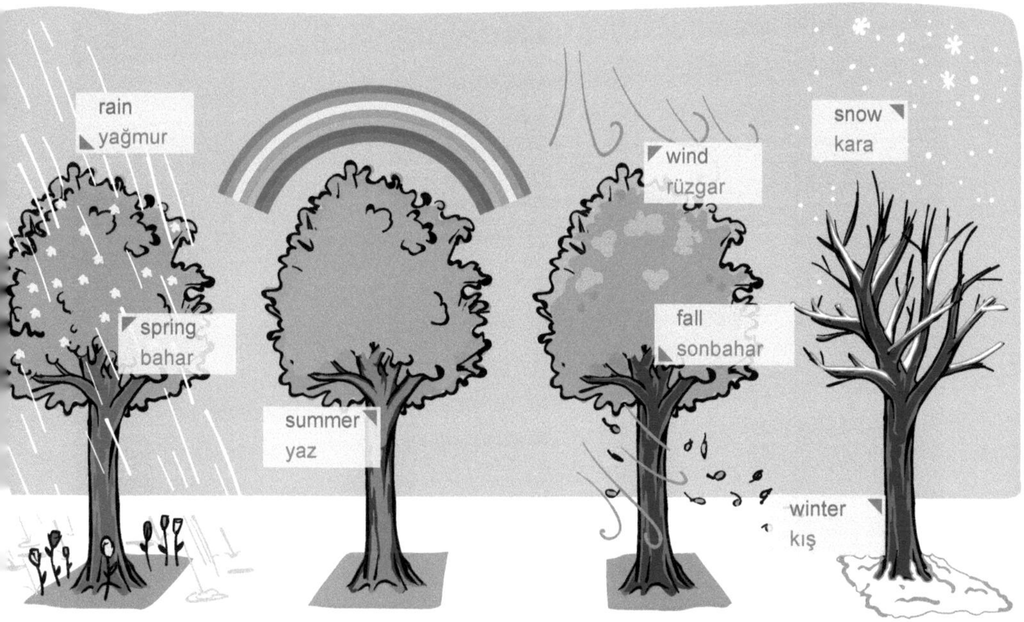

weather forecast

hava durumu tahmini

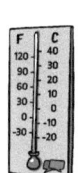

thermometer

termometre

sunshine

güneş ışığı

cloud

bulut

fog

sis

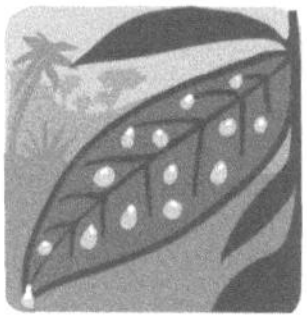

humidity

nem

lightning

şimşek

thunder

gök gürültüsü

storm

fırtına

hail

dolu

monsoon

muson

flood

sel

ice

buz

January

Ocak

February

Şubat

March

Mart

April

Nisan

May

Mayıs

June

Haziran

July

Temmuz

August

Ağustos

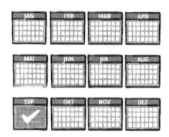

September
....
Eylül

October
....
Ekim

November
....
Kasım

December
....
Aralık

shapes
şekiller

circle
....
daire

square
....
kare

rectangle
....
dikdörtgen

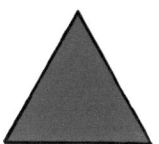

triangle
....
üçgen

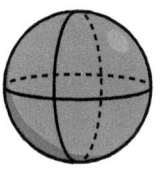

sphere
....
küre

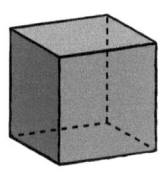

cube
....
küp

white

beyaz

yellow

sarı

orange

turuncu

pink

pembe

red

kırmızı

purple

mor

blue

mavi

green

yeşil

brown

kahverengi

gray

gri

black

siyah

a lot / a little

çok / az

angry / calm

kızgın / sakin

beautiful / ugly

güzel / çirkin

beginning / end

başlangıç / son

big / small

büyük / küçük

bright / dark

parlak / karanlık

brother / sister

erkek kardeş / kız kardeş

clean / dirty

temiz / kirli

complete / incomplete

tamam / eksik

day / night

gün / gece

dead / alive

ölü / canlı

wide / narrow

geniş / dar

edible / inedible

yenilebilir / yenilemez

evil / kind

kötü / iyi

excited / bored

heyecanlı / sıkılmış

fat / thin

şişman / zayıf

first / last

ilk / son

friend / enemy

dost / düşman

full / empty

dolu / boş

hard / soft

sert / yumuşak

heavy / light

ağır / hafif

hunger / thirst

açlık / susuzluk

ill / healthy

hasta / sağlıklı

illegal / legal

yasa dışı / yasal

intelligent / stupid

zeki / aptal

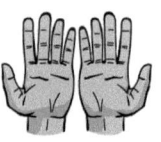

left / right

sol / sağ

near / far

yakın / uzak

new / used

yeni / kullanılmış

nothing / something

hiçbir şey / bir şey

old / young

yaşlı / genç

on / off

açma / kapama

open / closed

açık / kapalı

quiet / loud

sessiz / gürültülü

rich / poor

zengin / fakir

right / wrong

doğru / yanlış

rough / smooth

pürüzlü / düz

sad / happy

üzgün / mutlu

short / long

kısa / uzun

slow / fast

yavaş / hızlı

wet / dry

ıslak / kuru

warm / cool

sıcak / serin

war / peace

savaş / barış

numbers
sayılar

0	**1**	**2**
zero	one	two
sıfır	bir	iki

3	**4**	**5**
three	four	five
üç	dört	beş

6	**7**	**8**
six	seven	eight
altı	yedi	sekiz

9	**10**	**11**
nine	ten	eleven
dokuz	on	on bir

12

twelve

on iki

13

thirteen

on üç

14

fourteen

on dört

15

fifteen

on beş

16

sixteen

on altı

17

seventeen

on yedi

18

eighteen

on sekiz

19

nineteen

on dokuz

20

twenty

yirmi

100

hundred

yüz

1.000

thousand

bin

1.000.000

million

milyon

English
İngilizce

American English
Amerikan İngilizcesi

Chinese Mandarin
Çince (Mandarin)

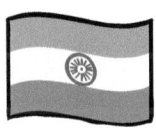

Hindi
Hintçe

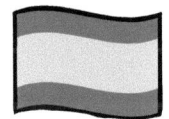

Spanish
İspanyolca

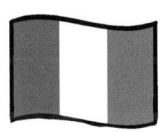

French
Fransızca

Arabic
Arapça

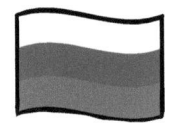

Russian
Rusça

Portuguese
Portekizce

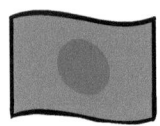

Bengali
Bengalce

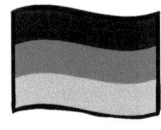

German
Almanca

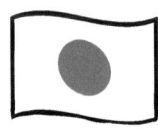

Japanese
Japonca

I
ben

you
sen

he / she / it
o

we
biz

you
siz

they
onlar

who?
kim?

what?
ne?

how?
nasıl?

where?
nerede?

when?
ne zaman?

name
isim

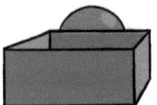

behind

arkasında

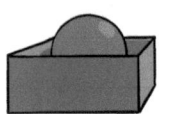

in

içinde

in front of

önünde

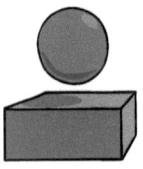

over

üzerinde

on

üstünde

under

altında

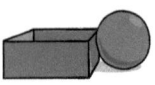

beside

yanında

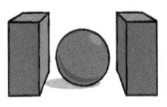

between

arasında

place

yer